La potente polea

Julie Murray

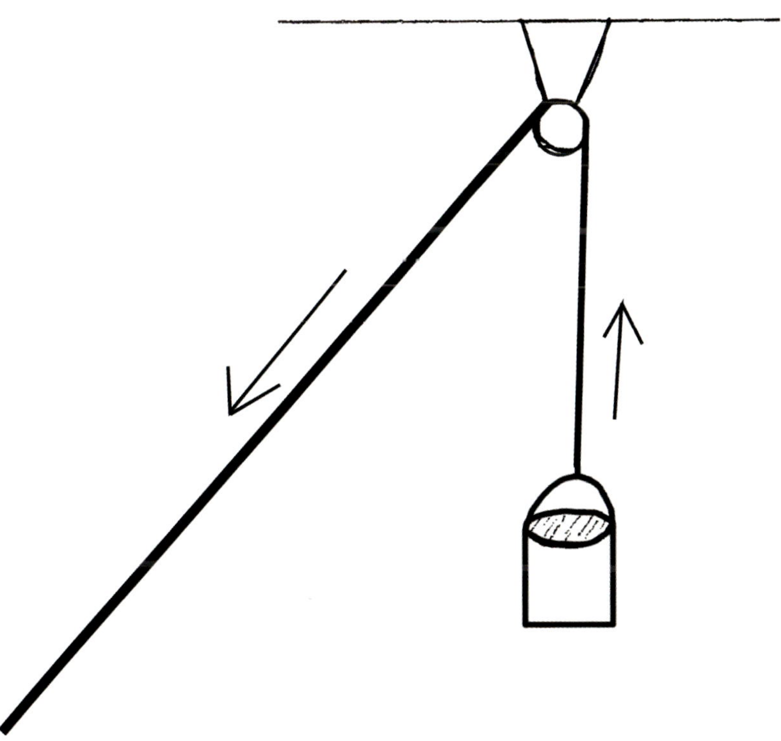

abdobooks.com

Published by Abdo Kids, a division of ABDO, P.O. Box 398166, Minneapolis, Minnesota 55439. Copyright © 2026 by Abdo Consulting Group, Inc. International copyrights reserved in all countries. No part of this book may be reproduced in any form without written permission from the publisher. Abdo Kids Junior™ is a trademark and logo of Abdo Kids.

Printed in China

052025

092025

THIS BOOK CONTAINS RECYCLED MATERIALS

Spanish Translator: Maria Puchol

Photo Credits: Getty Images, Shutterstock

Production Contributors: Teddy Borth, Jennie Forsberg, Grace Hansen

Design Contributors: Candice Keimig, Pakou Moua

Library of Congress Control Number: 2024949270

Publisher's Cataloging-in-Publication Data

Names: Murray, Julie, author.

Title: La potente polea/ by Julie Murray

Other title: The powerful pulley. Spanish

Description: Minneapolis, Minnesota: Abdo Kids, 2026. | Series: Máquinas simples | Includes online resources and index

Identifiers: ISBN 9798384906490 (lib.bdg.) | ISBN 9798384907053 (ebook)

Subjects: LCSH: Simple machines--Juvenile literature. | Pulleys--Juvenile literature. | Hoisting machinery--Juvenile literature. | Machinery--Juvenile literature. | Hand tools--Juvenile literature. | Spanish language materials--Juvenile literature.

Classification: DDC 621.8--dc23

Contenido

La potente polea 4

Poleas por
todas partes. 22

Glosario 23

Índice. 24

Código Abdo Kids . . .24

La potente polea

Las poleas son máquinas simples.

Se usan para mover

una **carga**.

Las partes de una polea
trabajan en conjunto.

Las poleas funcionan gracias
a un torno. Una cuerda pasa
por la **ranura** de la rueda
del torno.

rueda
eje
cuerda
ranura

La cuerda se ata a la **carga**.

cuerda
carga
13

Hay que mover la **carga**.

La rueda gira sobre su eje al tirar de la cuerda.

cuerda
torno
carga
17

Para tirar de la cuerda
hay que aplicar **fuerza**.
Así se mueve la **carga**.

Una **carga** se mueve muy

fácilmente con una polea.

BİLAL KAPTAN BALIKÇILIK
L. TRABZON

Poleas por todas partes

ascensor

caña de pescar

grúa

mastil

Glosario

carga

cantidad de algo que transportar.

fuerza

potencia, energía, resistencia física.

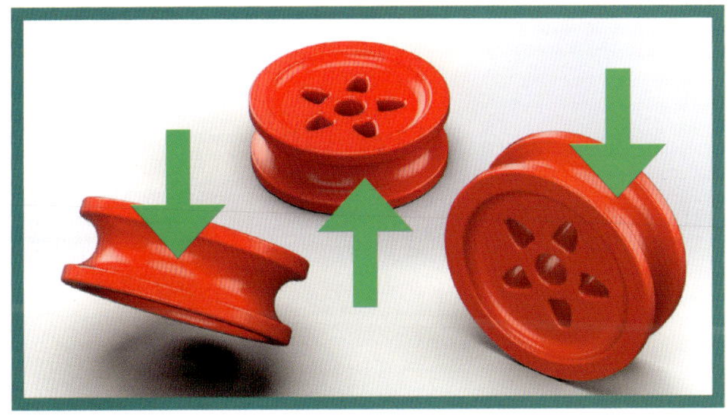

ranura

canal estrecho y largo en una
superficie.

Índice

carga 6, 12, 14, 18

cuerda 10, 12, 16

eje 10, 16

fuerza 18

partes 8, 10, 12, 16, 20

rueda 10, 16

usos 6, 20

¡Visita nuestra página **abdokids.com** y usa este código para tener acceso a juegos, manualidades, videos y mucho más!

Los recursos de internet están en inglés.